¡PRACTIQUEMOS DEPORTES!

LA GIMNASIA ARTÍSTICA

por Tessa Kenan

TABLA DE CONTENIDO

PALABRAS A SABER

anillas

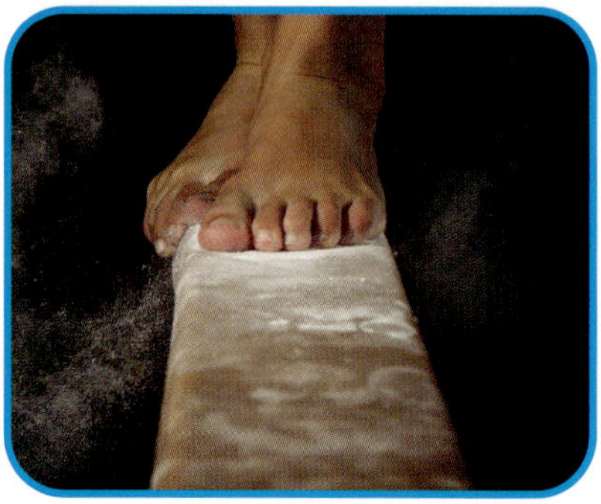
barra de equilibrio

barras asimétricas

colchoneta

estiramos

remontada

¡VAMOS!

¡Vayamos al gimnasio!

Nos estiramos.

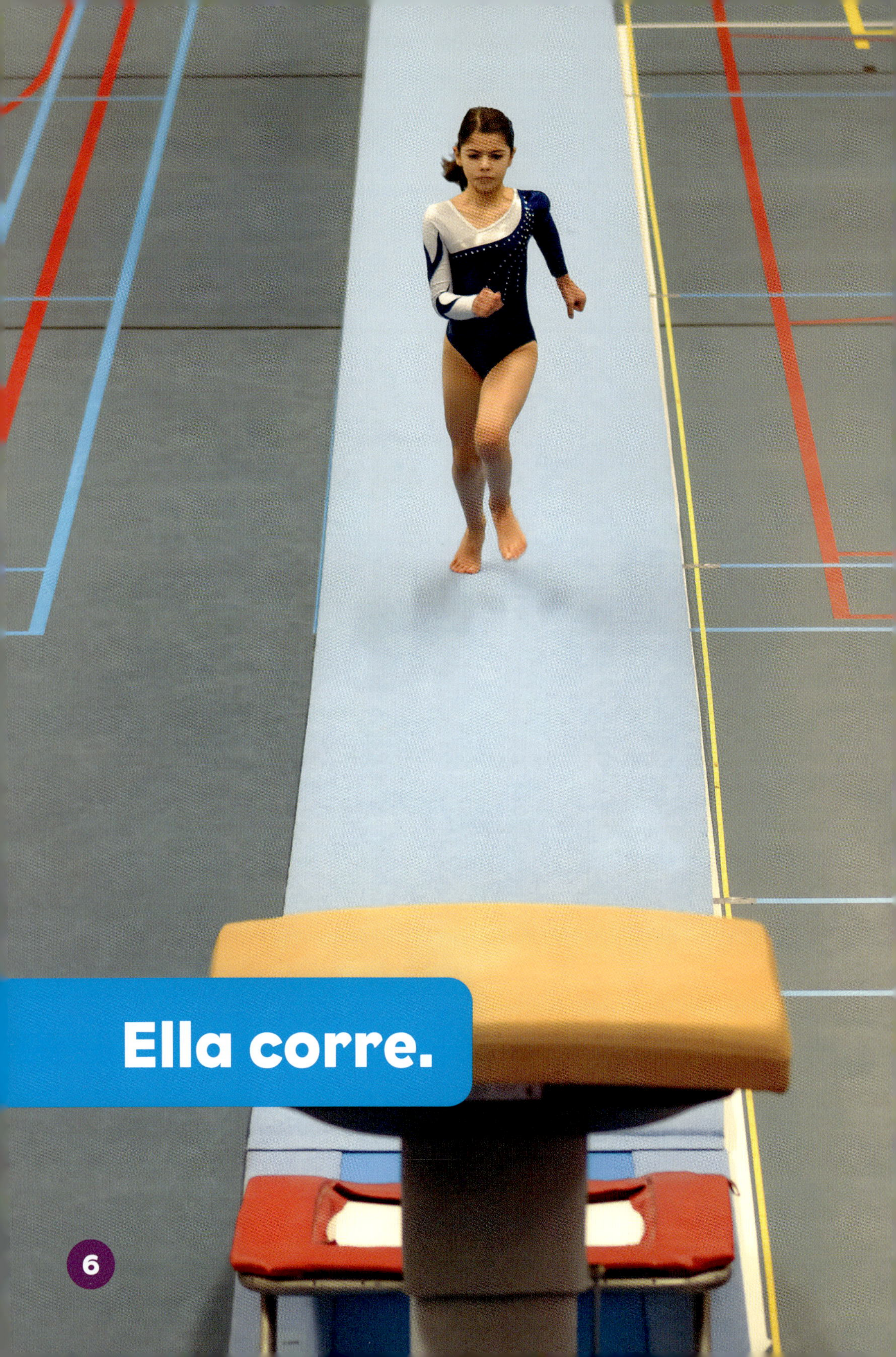

Ella corre.

¡Ella salta!

Ella camina sobre la barra de equilibrio.

¡Ella hace una remontada!

Él se balancea en las anillas.

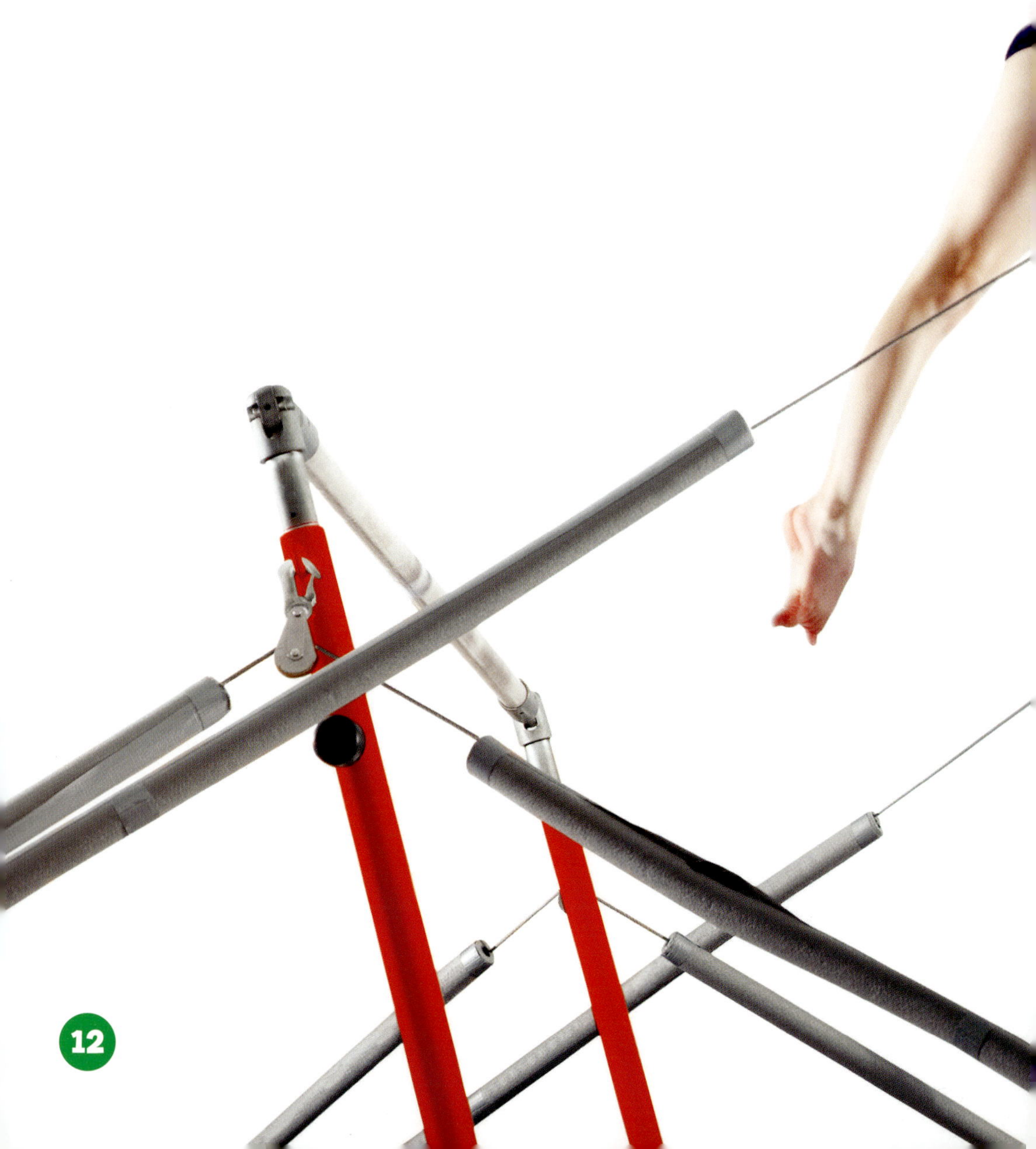

Ella se balancea en las barras asimétricas.

Ella salta.

¡Ella aterriza en la colchoneta!

¡REPASEMOS!

¿Qué está haciendo este gimnasta?

ÍNDICE